# REGISTRE DES ACCIDENTS dU TRAVAIL BÉNINS

Conforme aux articles L.441-4 et D.441-1 à D.441-4 du code de la sécurité sociale.

Raison Sociale : ................................................

Établissement : ................................................

N° Siren : ................................................

  👤 ................................................

  📞 ................................................

  ✉ ................................................

  📍 ................................................

  ✎ ................................................

Date d'ouverture du registre : ................................................

Date de clôture du registre : ................................................

# Tenue à jour obligatoire

## Liste des donneurs de soins :

|  | 1 | 2 | 3 | 4 | 5 |
|---|---|---|---|---|---|
| Nom |  |  |  |  |  |
| Signature |  |  |  |  |  |

## Contrôles du présent registre :

| Nom et Prénom des personnes contrôlant | Fonction | Organisme | Date | Signature | Observations |
|---|---|---|---|---|---|
|  |  |  |  |  |  |
|  |  |  |  |  |  |
|  |  |  |  |  |  |
|  |  |  |  |  |  |
|  |  |  |  |  |  |
|  |  |  |  |  |  |

| Numéro d'ORDRE | DATE ACCIDENT - ENREGISTREMENT | NOM et PRÉNOM de la VICTIME | Lieu de l'ACCIDENT (et circonstances détaillées) | NATURE et SIÈGES des LÉSIONS |
|---|---|---|---|---|
| | accident ……../……../…….. enregistrement ……../……../…….. | | | |
| | accident ……../……../…….. enregistrement ……../……../…….. | | | |
| | accident ……../……../…….. enregistrement ……../……../…….. | | | |
| | accident ……../……../…….. enregistrement ……../……../…….. | | | |
| | accident ……../……../…….. enregistrement ……../……../…….. | | | |
| | accident ……../……../…….. enregistrement ……../……../…….. | | | |
| | accident ……../……../…….. enregistrement ……../……../…….. | | | |
| | accident ……../……../…….. enregistrement ……../……../…….. | | | |
| | accident ……../……../…….. enregistrement ……../……../…….. | | | |

| NOMS des TÉMOINS | SIGNATURE du DONNEUR DE SOINS | SIGNATURE DE LA VICTIME | OBSERVATIONS | DATE de l'ARRÊT de TRAVAIL (le cas échéant) |
|---|---|---|---|---|
| | | | | du ......../........./........ au ......../........./........ |
| | | | | du ......../........./........ au ......../........./........ |
| | | | | du ......../........./........ au ......../........./........ |
| | | | | du ......../........./........ au ......../........./........ |
| | | | | du ......../........./........ au ......../........./........ |
| | | | | du ......../........./........ au ......../........./........ |
| | | | | du ......../........./........ au ......../........./........ |
| | | | | du ......../........./........ au ......../........./........ |
| | | | | du ......../........./........ au ......../........./........ |
| NOMS des TÉMOINS | SIGNATURE du DONNEUR DE SOINS | SIGNATURE DE LA VICTIME | | |

| Numéro d'ORDRE | DATE ACCIDENT - ENREGISTREMENT | NOM et PRÉNOM de la VICTIME | Lieu de l'ACCIDENT (et circonstances détaillées) | NATURE et SIÈGES des LÉSIONS |
|---|---|---|---|---|
| | accident ......./......./....... enregistrement ......./......./....... | | | |
| | accident ......./......./....... enregistrement ......./......./....... | | | |
| | accident ......./......./....... enregistrement ......./......./....... | | | |
| | accident ......./......./....... enregistrement ......./......./....... | | | |
| | accident ......./......./....... enregistrement ......./......./....... | | | |
| | accident ......./......./....... enregistrement ......./......./....... | | | |
| | accident ......./......./....... enregistrement ......./......./....... | | | |
| | accident ......./......./....... enregistrement ......./......./....... | | | |
| | accident ......./......./....... enregistrement ......./......./....... | | | |

| NOMS des TÉMOINS | SIGNATURE du DONNEUR DE SOINS | SIGNATURE DE LA VICTIME | OBSERVATIONS | DATE de l'ARRÊT de TRAVAIL (le cas échéant) |
|---|---|---|---|---|
| | | | | du ......./......./........ au ......./......./........ |
| | | | | du ......./......./........ au ......./......./........ |
| | | | | du ......./......./........ au ......./......./........ |
| | | | | du ......./......./........ au ......./......./........ |
| | | | | du ......./......./........ au ......./......./........ |
| | | | | du ......./......./........ au ......./......./........ |
| | | | | du ......./......./........ au ......./......./........ |
| | | | | du ......./......./........ au ......./......./........ |
| | | | | du ......./......./........ au ......./......./........ |
| NOMS des TÉMOINS | SIGNATURE du DONNEUR DE SOINS | SIGNATURE DE LA VICTIME | OBSERVATIONS | DATE de l'ARRÊT de TRAVAIL |

| Numéro d'ORDRE | DATE ACCIDENT - ENREGISTREMENT | NOM et PRÉNOM de la VICTIME | Lieu de l'ACCIDENT (et circonstances détaillées) | NATURE et SIÈGES des LÉSIONS |
|---|---|---|---|---|
|  | accident ……/……/…… enregistrement ……/……/…… |  |  |  |
|  | accident ……/……/…… enregistrement ……/……/…… |  |  |  |
|  | accident ……/……/…… enregistrement ……/……/…… |  |  |  |
|  | accident ……/……/…… enregistrement ……/……/…… |  |  |  |
|  | accident ……/……/…… enregistrement ……/……/…… |  |  |  |
|  | accident ……/……/…… enregistrement ……/……/…… |  |  |  |
|  | accident ……/……/…… enregistrement ……/……/…… |  |  |  |
|  | accident ……/……/…… enregistrement ……/……/…… |  |  |  |
|  | accident ……/……/…… enregistrement ……/……/…… |  |  |  |

| NOMS des TÉMOINS | SIGNATURE du DONNEUR DE SOINS | SIGNATURE DE LA VICTIME | OBSERVATIONS | DATE de l'ARRÊT de TRAVAIL (le cas échéant) |
|---|---|---|---|---|
| | | | | du ……/……/…… au ……/……/…… |
| | | | | du ……/……/…… au ……/……/…… |
| | | | | du ……/……/…… au ……/……/…… |
| | | | | du ……/……/…… au ……/……/…… |
| | | | | du ……/……/…… au ……/……/…… |
| | | | | du ……/……/…… au ……/……/…… |
| | | | | du ……/……/…… au ……/……/…… |
| | | | | du ……/……/…… au ……/……/…… |
| NOMS des TÉMOINS | SIGNATURE du DONNEUR DE SOINS | SIGNATURE DE LA VICTIME | OBSERVATIONS | du ……/……/…… au ……/……/…… |

| Numéro d'ORDRE | DATE ACCIDENT - ENREGISTREMENT | NOM et PRÉNOM de la VICTIME | Lieu de l'ACCIDENT (et circonstances détaillées) | NATURE et SIÈGES des LÉSIONS |
|---|---|---|---|---|
| | accident ……/……/…… enregistrement ……/……/…… | | | |
| | accident ……/……/…… enregistrement ……/……/…… | | | |
| | accident ……/……/…… enregistrement ……/……/…… | | | |
| | accident ……/……/…… enregistrement ……/……/…… | | | |
| | accident ……/……/…… enregistrement ……/……/…… | | | |
| | accident ……/……/…… enregistrement ……/……/…… | | | |
| | accident ……/……/…… enregistrement ……/……/…… | | | |
| | accident ……/……/…… enregistrement ……/……/…… | | | |
| | accident ……/……/…… enregistrement ……/……/…… | | | |

| NOMS des TÉMOINS | SIGNATURE du DONNEUR DE SOINS | SIGNATURE DE LA VICTIME | OBSERVATIONS | DATE de l'ARRÊT de TRAVAIL (le cas échéant) |
|---|---|---|---|---|
| | | | | du ……./……./…….. au ……./……./…….. |
| | | | | du ……./……./…….. au ……./……./…….. |
| | | | | du ……./……./…….. au ……./……./…….. |
| | | | | du ……./……./…….. au ……./……./…….. |
| | | | | du ……./……./…….. au ……./……./…….. |
| | | | | du ……./……./…….. au ……./……./…….. |
| | | | | du ……./……./…….. au ……./……./…….. |
| | | | | du ……./……./…….. au ……./……./…….. |
| | | | | du ……./……./…….. au ……./……./…….. |

| Numéro d'ORDRE | DATE ACCIDENT - ENREGISTREMENT | NOM et PRÉNOM de la VICTIME | Lieu de l'ACCIDENT (et circonstances détaillées) | NATURE et SIÈGES des LÉSIONS |
|---|---|---|---|---|
| | accident ……../……../…….. enregistrement ……../……../…….. | | | |
| | accident ……../……../…….. enregistrement ……../……../…….. | | | |
| | accident ……../……../…….. enregistrement ……../……../…….. | | | |
| | accident ……../……../…….. enregistrement ……../……../…….. | | | |
| | accident ……../……../…….. enregistrement ……../……../…….. | | | |
| | accident ……../……../…….. enregistrement ……../……../…….. | | | |
| | accident ……../……../…….. enregistrement ……../……../…….. | | | |
| | accident ……../……../…….. enregistrement ……../……../…….. | | | |
| | accident ……../……../…….. enregistrement ……../……../…….. | | | |

| NOMS des TÉMOINS | SIGNATURE du DONNEUR DE SOINS | SIGNATURE DE LA VICTIME | OBSERVATIONS | DATE de l'ARRÊT de TRAVAIL (le cas échéant) |
|---|---|---|---|---|
| | | | | du ......../........./........ au ......../........./........ |
| | | | | du ......../........./........ au ......../........./........ |
| | | | | du ......../........./........ au ......../........./........ |
| | | | | du ......../........./........ au ......../........./........ |
| | | | | du ......../........./........ au ......../........./........ |
| | | | | du ......../........./........ au ......../........./........ |
| | | | | du ......../........./........ au ......../........./........ |
| | | | | du ......../........./........ au ......../........./........ |
| | | | | du ......../........./........ au ......../........./........ |
| NOMS des TÉMOINS | SIGNATURE du DONNEUR DE SOINS | SIGNATURE DE LA VICTIME | OBSERVATIONS | DATE de l'ARRÊT de TRAVAIL (le cas échéant) |

| Numéro d'ORDRE | DATE ACCIDENT - ENREGISTREMENT | NOM et PRÉNOM de la VICTIME | Lieu de l'ACCIDENT (et circonstances détaillées) | NATURE et SIÈGES des LÉSIONS |
|---|---|---|---|---|
| | accident ……./……./…….  enregistrement ……./……./……. | | | |
| | accident ……./……./…….  enregistrement ……./……./……. | | | |
| | accident ……./……./…….  enregistrement ……./……./……. | | | |
| | accident ……./……./…….  enregistrement ……./……./……. | | | |
| | accident ……./……./…….  enregistrement ……./……./……. | | | |
| | accident ……./……./…….  enregistrement ……./……./……. | | | |
| | accident ……./……./…….  enregistrement ……./……./……. | | | |
| | accident ……./……./…….  enregistrement ……./……./……. | | | |
| | accident ……./……./…….  enregistrement ……./……./……. | | | |

| NOMS des TÉMOINS | SIGNATURE du DONNEUR DE SOINS | SIGNATURE DE LA VICTIME | OBSERVATIONS | DATE de l'ARRÊT de TRAVAIL (le cas échéant) |
|---|---|---|---|---|
| | | | | du ......./......../........ au ......./......../........ |
| | | | | du ......./......../........ au ......./......../........ |
| | | | | du ......./......../........ au ......./......../........ |
| | | | | du ......./......../........ au ......./......../........ |
| | | | | du ......./......../........ au ......./......../........ |
| | | | | du ......./......../........ au ......./......../........ |
| | | | | du ......./......../........ au ......./......../........ |
| | | | | du ......./......../........ au ......./......../........ |
| | | | | du ......./......../........ au ......./......../........ |

| Numéro d'ORDRE | DATE ACCIDENT - ENREGISTREMENT | NOM et PRÉNOM de la VICTIME | Lieu de l'ACCIDENT (et circonstances détaillées) | NATURE et SIÈGES des LÉSIONS |
|---|---|---|---|---|
| | accident ……/……/…… enregistrement ……/……/…… | | | |
| | accident ……/……/…… enregistrement ……/……/…… | | | |
| | accident ……/……/…… enregistrement ……/……/…… | | | |
| | accident ……/……/…… enregistrement ……/……/…… | | | |
| | accident ……/……/…… enregistrement ……/……/…… | | | |
| | accident ……/……/…… enregistrement ……/……/…… | | | |
| | accident ……/……/…… enregistrement ……/……/…… | | | |
| | accident ……/……/…… enregistrement ……/……/…… | | | |
| | accident ……/……/…… enregistrement ……/……/…… | | | |
| Numéro d'ORDRE | DATE ACCIDENT - ENREGISTREMENT | NOM et PRÉNOM de la VICTIME | Lieu de l'ACCIDENT (et circonstances détaillées) | NATURE et SIÈGES des LÉSIONS |

| NOMS des TÉMOINS | SIGNATURE du DONNEUR DE SOINS | SIGNATURE DE LA VICTIME | OBSERVATIONS | DATE de l'ARRÊT de TRAVAIL (le cas échéant) |
|---|---|---|---|---|
| | | | | du ……/……/…… au ……/……/…… |
| | | | | du ……/……/…… au ……/……/…… |
| | | | | du ……/……/…… au ……/……/…… |
| | | | | du ……/……/…… au ……/……/…… |
| | | | | du ……/……/…… au ……/……/…… |
| | | | | du ……/……/…… au ……/……/…… |
| | | | | du ……/……/…… au ……/……/…… |
| | | | | du ……/……/…… au ……/……/…… |
| | | | | du ……/……/…… au ……/……/…… |
| NOMS des TÉMOINS | SIGNATURE du DONNEUR DE SOINS | SIGNATURE DE LA VICTIME | OBSERVATIONS | DATE de l'ARRÊT de TRAVAIL (le cas échéant) |

| Numéro d'ORDRE | DATE ACCIDENT - ENREGISTREMENT | NOM et PRÉNOM de la VICTIME | Lieu de l'ACCIDENT (et circonstances détaillées) | NATURE et SIÈGES des LÉSIONS |
|---|---|---|---|---|
| | accident ……/……/…… enregistrement ……/……/…… | | | |
| | accident ……/……/…… enregistrement ……/……/…… | | | |
| | accident ……/……/…… enregistrement ……/……/…… | | | |
| | accident ……/……/…… enregistrement ……/……/…… | | | |
| | accident ……/……/…… enregistrement ……/……/…… | | | |
| | accident ……/……/…… enregistrement ……/……/…… | | | |
| | accident ……/……/…… enregistrement ……/……/…… | | | |
| | accident ……/……/…… enregistrement ……/……/…… | | | |
| | accident ……/……/…… enregistrement ……/……/…… | | | |

| NOMS des TÉMOINS | SIGNATURE du DONNEUR DE SOINS | SIGNATURE DE LA VICTIME | OBSERVATIONS | DATE de l'ARRÊT de TRAVAIL (le cas échéant) |
|---|---|---|---|---|
| | | | | du ……../……../…….. au ……../……../…….. |
| | | | | du ……../……../…….. au ……../……../…….. |
| | | | | du ……../……../…….. au ……../……../…….. |
| | | | | du ……../……../…….. au ……../……../…….. |
| | | | | du ……../……../…….. au ……../……../…….. |
| | | | | du ……../……../…….. au ……../……../…….. |
| | | | | du ……../……../…….. au ……../……../…….. |
| | | | | du ……../……../…….. au ……../……../…….. |
| | | | | du ……../……../…….. au ……../……../…….. |
| NOMS des TÉMOINS | SIGNATURE du DONNEUR DE SOINS | SIGNATURE DE LA VICTIME | OBSERVATIONS | DATE de l'ARRÊT de TRAVAIL (le cas échéant) |

| Numéro d'ORDRE | DATE ACCIDENT - ENREGISTREMENT | NOM et PRÉNOM de la VICTIME | Lieu de l'ACCIDENT (et circonstances détaillées) | NATURE et SIÈGES des LÉSIONS |
|---|---|---|---|---|
| | accident ......./......./....... enregistrement ......./......./....... | | | |
| | accident ......./......./....... enregistrement ......./......./....... | | | |
| | accident ......./......./....... enregistrement ......./......./....... | | | |
| | accident ......./......./....... enregistrement ......./......./....... | | | |
| | accident ......./......./....... enregistrement ......./......./....... | | | |
| | accident ......./......./....... enregistrement ......./......./....... | | | |
| | accident ......./......./....... enregistrement ......./......./....... | | | |
| | accident ......./......./....... enregistrement ......./......./....... | | | |
| | accident ......./......./....... enregistrement ......./......./....... | | | |

| NOMS des TÉMOINS | SIGNATURE du DONNEUR DE SOINS | SIGNATURE DE LA VICTIME | OBSERVATIONS | DATE de l'ARRÊT de TRAVAIL (le cas échéant) |
|---|---|---|---|---|
| | | | | du ......./......./........ au ......./......./........ |
| | | | | du ......./......./........ au ......./......./........ |
| | | | | du ......./......./........ au ......./......./........ |
| | | | | du ......./......./........ au ......./......./........ |
| | | | | du ......./......./........ au ......./......./........ |
| | | | | du ......./......./........ au ......./......./........ |
| | | | | du ......./......./........ au ......./......./........ |
| | | | | du ......./......./........ au ......./......./........ |
| | | | | du ......./......./........ au ......./......./........ |
| NOMS des TÉMOINS | SIGNATURE du DONNEUR DE SOINS | SIGNATURE DE LA VICTIME | OBSERVATIONS | DATE de l'ARRÊT de TRAVAIL (le cas échéant) |

| Numéro d'ORDRE | DATE ACCIDENT - ENREGISTREMENT | NOM et PRÉNOM de la VICTIME | Lieu de l'ACCIDENT (et circonstances détaillées) | NATURE et SIÈGES des LÉSIONS |
|---|---|---|---|---|
| | accident ……../……../…….. enregistrement ……../……../…….. | | | |
| | accident ……../……../…….. enregistrement ……../……../…….. | | | |
| | accident ……../……../…….. enregistrement ……../……../…….. | | | |
| | accident ……../……../…….. enregistrement ……../……../…….. | | | |
| | accident ……../……../…….. enregistrement ……../……../…….. | | | |
| | accident ……../……../…….. enregistrement ……../……../…….. | | | |
| | accident ……../……../…….. enregistrement ……../……../…….. | | | |
| | accident ……../……../…….. enregistrement ……../……../…….. | | | |
| | accident ……../……../…….. enregistrement ……../……../…….. | | | |

| NOMS des TÉMOINS | SIGNATURE du DONNEUR DE SOINS | SIGNATURE DE LA VICTIME | OBSERVATIONS | DATE de l'ARRÊT de TRAVAIL (le cas échéant) |
|---|---|---|---|---|
| | | | | du ......./......../........ au ......./......../........ |
| | | | | du ......./......../........ au ......./......../........ |
| | | | | du ......./......../........ au ......./......../........ |
| | | | | du ......./......../........ au ......./......../........ |
| | | | | du ......./......../........ au ......./......../........ |
| | | | | du ......./......../........ au ......./......../........ |
| | | | | du ......./......../........ au ......./......../........ |
| | | | | du ......./......../........ au ......./......../........ |
| | | | | du ......./......../........ au ......./......../........ |

| Numéro d'ORDRE | DATE ACCIDENT - ENREGISTREMENT | NOM et PRÉNOM de la VICTIME | Lieu de l'ACCIDENT (et circonstances détaillées) | NATURE et SIÈGES des LÉSIONS |
|---|---|---|---|---|
| | accident ……../……../…….. enregistrement ……../……../…….. | | | |
| | accident ……../……../…….. enregistrement ……../……../…….. | | | |
| | accident ……../……../…….. enregistrement ……../……../…….. | | | |
| | accident ……../……../…….. enregistrement ……../……../…….. | | | |
| | accident ……../……../…….. enregistrement ……../……../…….. | | | |
| | accident ……../……../…….. enregistrement ……../……../…….. | | | |
| | accident ……../……../…….. enregistrement ……../……../…….. | | | |
| | accident ……../……../…….. enregistrement ……../……../…….. | | | |
| | accident ……../……../…….. enregistrement ……../……../…….. | | | |

| NOMS des TÉMOINS | SIGNATURE du DONNEUR DE SOINS | SIGNATURE DE LA VICTIME | OBSERVATIONS | DATE de l'ARRÊT de TRAVAIL (le cas échéant) |
|---|---|---|---|---|
| | | | | du ……../……../…….. au ……../……../…….. |
| | | | | du ……../……../…….. au ……../……../…….. |
| | | | | du ……../……../…….. au ……../……../…….. |
| | | | | du ……../……../…….. au ……../……../…….. |
| | | | | du ……../……../…….. au ……../……../…….. |
| | | | | du ……../……../…….. au ……../……../…….. |
| | | | | du ……../……../…….. au ……../……../…….. |
| | | | | du ……../……../…….. au ……../……../…….. |
| | | | | du ……../……../…….. au ……../……../…….. |
| NOMS des TÉMOINS | SIGNATURE du DONNEUR DE SOINS | SIGNATURE DE LA VICTIME | OBSERVATIONS | DATE de l'ARRÊT de TRAVAIL (le cas échéant) |

| Numéro d'ORDRE | DATE ACCIDENT - ENREGISTREMENT | NOM et PRÉNOM de la VICTIME | Lieu de l'ACCIDENT (et circonstances détaillées) | NATURE et SIÈGES des LÉSIONS |
|---|---|---|---|---|
| | accident ......../......../........ enregistrement ......../......../........ | | | |
| | accident ......../......../........ enregistrement ......../......../........ | | | |
| | accident ......../......../........ enregistrement ......../......../........ | | | |
| | accident ......../......../........ enregistrement ......../......../........ | | | |
| | accident ......../......../........ enregistrement ......../......../........ | | | |
| | accident ......../......../........ enregistrement ......../......../........ | | | |
| | accident ......../......../........ enregistrement ......../......../........ | | | |
| | accident ......../......../........ enregistrement ......../......../........ | | | |
| | accident ......../......../........ enregistrement ......../......../........ | | | |
| Numéro d'ORDRE | DATE ACCIDENT - ENREGISTREMENT | NOM et PRÉNOM de la VICTIME | Lieu de l'ACCIDENT (et circonstances détaillées) | NATURE et SIÈGES des LÉSIONS |

| NOMS des TÉMOINS | SIGNATURE du DONNEUR DE SOINS | SIGNATURE DE LA VICTIME | OBSERVATIONS | DATE de l'ARRÊT de TRAVAIL (le cas échéant) |
|---|---|---|---|---|
| | | | | du ......./......./....... au ......./......./....... |
| | | | | du ......./......./....... au ......./......./....... |
| | | | | du ......./......./....... au ......./......./....... |
| | | | | du ......./......./....... au ......./......./....... |
| | | | | du ......./......./....... au ......./......./....... |
| | | | | du ......./......./....... au ......./......./....... |
| | | | | du ......./......./....... au ......./......./....... |
| | | | | du ......./......./....... au ......./......./....... |
| | | | | du ......./......./....... au ......./......./....... |
| NOMS des TÉMOINS | SIGNATURE du DONNEUR DE SOINS | SIGNATURE DE LA VICTIME | | |

| Numéro d'ORDRE | DATE ACCIDENT - ENREGISTREMENT | NOM et PRÉNOM de la VICTIME | Lieu de l'ACCIDENT (et circonstances détaillées) | NATURE et SIÈGES des LÉSIONS |
|---|---|---|---|---|
| | accident ......../......../........ enregistrement ......../......../........ | | | |
| | accident ......../......../........ enregistrement ......../......../........ | | | |
| | accident ......../......../........ enregistrement ......../......../........ | | | |
| | accident ......../......../........ enregistrement ......../......../........ | | | |
| | accident ......../......../........ enregistrement ......../......../........ | | | |
| | accident ......../......../........ enregistrement ......../......../........ | | | |
| | accident ......../......../........ enregistrement ......../......../........ | | | |
| | accident ......../......../........ enregistrement ......../......../........ | | | |
| | accident ......../......../........ enregistrement ......../......../........ | | | |

| NOMS des TÉMOINS | SIGNATURE du DONNEUR DE SOINS | SIGNATURE DE LA VICTIME | OBSERVATIONS | DATE de l'ARRÊT de TRAVAIL (le cas échéant) |
|---|---|---|---|---|
| | | | | du ……./……./…….. au ……./……./…….. |
| | | | | du ……./……./…….. au ……./……./…….. |
| | | | | du ……./……./…….. au ……./……./…….. |
| | | | | du ……./……./…….. au ……./……./…….. |
| | | | | du ……./……./…….. au ……./……./…….. |
| | | | | du ……./……./…….. au ……./……./…….. |
| | | | | du ……./……./…….. au ……./……./…….. |
| | | | | du ……./……./…….. au ……./……./…….. |
| | | | | du ……./……./…….. au ……./……./…….. |
| NOMS des TÉMOINS | SIGNATURE du DONNEUR DE SOINS | SIGNATURE DE LA VICTIME | OBSERVATIONS | |

| Numéro d'ORDRE | DATE ACCIDENT - ENREGISTREMENT | NOM et PRÉNOM de la VICTIME | Lieu de l'ACCIDENT (et circonstances détaillées) | NATURE et SIÈGES des LÉSIONS |
|---|---|---|---|---|
| | accident ……/……/…… enregistrement ……/……/…… | | | |
| | accident ……/……/…… enregistrement ……/……/…… | | | |
| | accident ……/……/…… enregistrement ……/……/…… | | | |
| | accident ……/……/…… enregistrement ……/……/…… | | | |
| | accident ……/……/…… enregistrement ……/……/…… | | | |
| | accident ……/……/…… enregistrement ……/……/…… | | | |
| | accident ……/……/…… enregistrement ……/……/…… | | | |
| | accident ……/……/…… enregistrement ……/……/…… | | | |
| | accident ……/……/…… enregistrement ……/……/…… | | | |

| NOMS des TÉMOINS | SIGNATURE du DONNEUR DE SOINS | SIGNATURE DE LA VICTIME | OBSERVATIONS | DATE de l'ARRÊT de TRAVAIL (le cas échéant) |
|---|---|---|---|---|
| | | | | du ……./……./……. au ……./……./……. |
| | | | | du ……./……./……. au ……./……./……. |
| | | | | du ……./……./……. au ……./……./……. |
| | | | | du ……./……./……. au ……./……./……. |
| | | | | du ……./……./……. au ……./……./……. |
| | | | | du ……./……./……. au ……./……./……. |
| | | | | du ……./……./……. au ……./……./……. |
| | | | | du ……./……./……. au ……./……./……. |
| | | | | du ……./……./……. au ……./……./……. |

| Numéro d'ORDRE | DATE ACCIDENT - ENREGISTREMENT | NOM et PRÉNOM de la VICTIME | Lieu de l'ACCIDENT (et circonstances détaillées) | NATURE et SIÈGES des LÉSIONS |
|---|---|---|---|---|
| | accident ……../……../…….. enregistrement ……../……../…….. | | | |
| | accident ……../……../…….. enregistrement ……../……../…….. | | | |
| | accident ……../……../…….. enregistrement ……../……../…….. | | | |
| | accident ……../……../…….. enregistrement ……../……../…….. | | | |
| | accident ……../……../…….. enregistrement ……../……../…….. | | | |
| | accident ……../……../…….. enregistrement ……../……../…….. | | | |
| | accident ……../……../…….. enregistrement ……../……../…….. | | | |
| | accident ……../……../…….. enregistrement ……../……../…….. | | | |
| | accident ……../……../…….. enregistrement ……../……../…….. | | | |

| NOMS des TÉMOINS | SIGNATURE du DONNEUR DE SOINS | SIGNATURE DE LA VICTIME | OBSERVATIONS | DATE de l'ARRÊT de TRAVAIL (le cas échéant) |
|---|---|---|---|---|
| | | | | du ......./......../........ au ......./......../........ |
| | | | | du ......./......../........ au ......./......../........ |
| | | | | du ......./......../........ au ......./......../........ |
| | | | | du ......./......../........ au ......./......../........ |
| | | | | du ......./......../........ au ......./......../........ |
| | | | | du ......./......../........ au ......./......../........ |
| | | | | du ......./......../........ au ......./......../........ |
| | | | | du ......./......../........ au ......./......../........ |
| | | | | du ......./......../........ au ......./......../........ |
| NOMS des TÉMOINS | SIGNATURE du DONNEUR DE SOINS | SIGNATURE DE LA VICTIME | OBSERVATIONS | DATE de l'ARRÊT de TRAVAIL (le cas échéant) |

| Numéro d'ORDRE | DATE ACCIDENT - ENREGISTREMENT | NOM et PRÉNOM de la VICTIME | Lieu de l'ACCIDENT (et circonstances détaillées) | NATURE et SIÈGES des LÉSIONS |
|---|---|---|---|---|
| | accident ......../......../........ enregistrement ......../......../........ | | | |
| | accident ......../......../........ enregistrement ......../......../........ | | | |
| | accident ......../......../........ enregistrement ......../......../........ | | | |
| | accident ......../......../........ enregistrement ......../......../........ | | | |
| | accident ......../......../........ enregistrement ......../......../........ | | | |
| | accident ......../......../........ enregistrement ......../......../........ | | | |
| | accident ......../......../........ enregistrement ......../......../........ | | | |
| | accident ......../......../........ enregistrement ......../......../........ | | | |
| | accident ......../......../........ enregistrement ......../......../........ | | | |

| NOMS des TÉMOINS | SIGNATURE du DONNEUR DE SOINS | SIGNATURE DE LA VICTIME | OBSERVATIONS | DATE de l'ARRÊT de TRAVAIL (le cas échéant) |
|---|---|---|---|---|
| | | | | du ……/……/…… au ……/……/…… |
| | | | | du ……/……/…… au ……/……/…… |
| | | | | du ……/……/…… au ……/……/…… |
| | | | | du ……/……/…… au ……/……/…… |
| | | | | du ……/……/…… au ……/……/…… |
| | | | | du ……/……/…… au ……/……/…… |
| | | | | du ……/……/…… au ……/……/…… |
| | | | | du ……/……/…… au ……/……/…… |
| | | | | du ……/……/…… au ……/……/…… |
| NOMS des TÉMOINS | SIGNATURE du DONNEUR DE SOINS | SIGNATURE DE LA VICTIME | OBSERVATIONS | DATE de l'ARRÊT de TRAVAIL (le cas échéant) |

| Numéro d'ORDRE | DATE ACCIDENT - ENREGISTREMENT | NOM et PRÉNOM de la VICTIME | Lieu de l'ACCIDENT (et circonstances détaillées) | NATURE et SIÈGES des LÉSIONS |
|---|---|---|---|---|
| | accident ……./……./…….<br>enregistrement ……./……./……. | | | |
| | accident ……./……./…….<br>enregistrement ……./……./……. | | | |
| | accident ……./……./…….<br>enregistrement ……./……./……. | | | |
| | accident ……./……./…….<br>enregistrement ……./……./……. | | | |
| | accident ……./……./…….<br>enregistrement ……./……./……. | | | |
| | accident ……./……./…….<br>enregistrement ……./……./……. | | | |
| | accident ……./……./…….<br>enregistrement ……./……./……. | | | |
| | accident ……./……./…….<br>enregistrement ……./……./……. | | | |
| | accident ……./……./…….<br>enregistrement ……./……./……. | | | |

| NOMS des TÉMOINS | SIGNATURE du DONNEUR DE SOINS | SIGNATURE DE LA VICTIME | OBSERVATIONS | DATE de l'ARRÊT de TRAVAIL (le cas échéant) |
|---|---|---|---|---|
| | | | | du ……./……./…….. au ……./……./…….. |
| | | | | du ……./……./…….. au ……./……./…….. |
| | | | | du ……./……./…….. au ……./……./…….. |
| | | | | du ……./……./…….. au ……./……./…….. |
| | | | | du ……./……./…….. au ……./……./…….. |
| | | | | du ……./……./…….. au ……./……./…….. |
| | | | | du ……./……./…….. au ……./……./…….. |
| | | | | du ……./……./…….. au ……./……./…….. |
| | | | | du ……./……./…….. au ……./……./…….. |
| NOMS des TÉMOINS | SIGNATURE du DONNEUR DE SOINS | SIGNATURE DE LA VICTIME | | |

| Numéro d'ORDRE | DATE ACCIDENT - ENREGISTREMENT | NOM et PRÉNOM de la VICTIME | Lieu de l'ACCIDENT (et circonstances détaillées) | NATURE et SIÈGES des LÉSIONS |
|---|---|---|---|---|
| | accident ......../........./......... enregistrement ......../........./......... | | | |
| | accident ......../........./......... enregistrement ......../........./......... | | | |
| | accident ......../........./......... enregistrement ......../........./......... | | | |
| | accident ......../........./......... enregistrement ......../........./......... | | | |
| | accident ......../........./......... enregistrement ......../........./......... | | | |
| | accident ......../........./......... enregistrement ......../........./......... | | | |
| | accident ......../........./......... enregistrement ......../........./......... | | | |
| | accident ......../........./......... enregistrement ......../........./......... | | | |
| | accident ......../........./......... enregistrement ......../........./......... | | | |

| NOMS des TÉMOINS | SIGNATURE du DONNEUR DE SOINS | SIGNATURE DE LA VICTIME | OBSERVATIONS | DATE de l'ARRÊT de TRAVAIL (le cas échéant) |
|---|---|---|---|---|
| | | | | du ……./……./…….. au ……./……./…….. |
| | | | | du ……./……./…….. au ……./……./…….. |
| | | | | du ……./……./…….. au ……./……./…….. |
| | | | | du ……./……./…….. au ……./……./…….. |
| | | | | du ……./……./…….. au ……./……./…….. |
| | | | | du ……./……./…….. au ……./……./…….. |
| | | | | du ……./……./…….. au ……./……./…….. |
| | | | | du ……./……./…….. au ……./……./…….. |
| | | | | du ……./……./…….. au ……./……./…….. |

| Numéro d'ORDRE | DATE ACCIDENT - ENREGISTREMENT | NOM et PRÉNOM de la VICTIME | Lieu de l'ACCIDENT (et circonstances détaillées) | NATURE et SIÈGES des LÉSIONS |
|---|---|---|---|---|
| | accident ......../......../........ enregistrement ......../......../........ | | | |
| | accident ......../......../........ enregistrement ......../......../........ | | | |
| | accident ......../......../........ enregistrement ......../......../........ | | | |
| | accident ......../......../........ enregistrement ......../......../........ | | | |
| | accident ......../......../........ enregistrement ......../......../........ | | | |
| | accident ......../......../........ enregistrement ......../......../........ | | | |
| | accident ......../......../........ enregistrement ......../......../........ | | | |
| | accident ......../......../........ enregistrement ......../......../........ | | | |
| | accident ......../......../........ enregistrement ......../......../........ | | | |

| NOMS des TÉMOINS | SIGNATURE du DONNEUR DE SOINS | SIGNATURE DE LA VICTIME | OBSERVATIONS | DATE de l'ARRÊT de TRAVAIL (le cas échéant) |
|---|---|---|---|---|
| | | | | du ……./……./…….. au ……./……./…….. |
| | | | | du ……./……./…….. au ……./……./…….. |
| | | | | du ……./……./…….. au ……./……./…….. |
| | | | | du ……./……./…….. au ……./……./…….. |
| | | | | du ……./……./…….. au ……./……./…….. |
| | | | | du ……./……./…….. au ……./……./…….. |
| | | | | du ……./……./…….. au ……./……./…….. |
| | | | | du ……./……./…….. au ……./……./…….. |
| NOMS des TÉMOINS | SIGNATURE du DONNEUR DE SOINS | SIGNATURE DE LA VICTIME | | du ……./……./…….. au ……./……./…….. |

| Numéro d'ORDRE | DATE ACCIDENT - ENREGISTREMENT | NOM et PRÉNOM de la VICTIME | Lieu de l'ACCIDENT (et circonstances détaillées) | NATURE et SIÈGES des LÉSIONS |
|---|---|---|---|---|
| | accident ……/……/…… enregistrement ……/……/…… | | | |
| | accident ……/……/…… enregistrement ……/……/…… | | | |
| | accident ……/……/…… enregistrement ……/……/…… | | | |
| | accident ……/……/…… enregistrement ……/……/…… | | | |
| | accident ……/……/…… enregistrement ……/……/…… | | | |
| | accident ……/……/…… enregistrement ……/……/…… | | | |
| | accident ……/……/…… enregistrement ……/……/…… | | | |
| | accident ……/……/…… enregistrement ……/……/…… | | | |
| | accident ……/……/…… enregistrement ……/……/…… | | | |

| NOMS des TÉMOINS | SIGNATURE du DONNEUR DE SOINS | SIGNATURE DE LA VICTIME | OBSERVATIONS | DATE de l'ARRÊT de TRAVAIL (le cas échéant) |
|---|---|---|---|---|
| | | | | du ……/……/…… au ……/……/…… |
| | | | | du ……/……/…… au ……/……/…… |
| | | | | du ……/……/…… au ……/……/…… |
| | | | | du ……/……/…… au ……/……/…… |
| | | | | du ……/……/…… au ……/……/…… |
| | | | | du ……/……/…… au ……/……/…… |
| | | | | du ……/……/…… au ……/……/…… |
| | | | | du ……/……/…… au ……/……/…… |
| | | | | du ……/……/…… au ……/……/…… |
| NOMS des TÉMOINS | SIGNATURE du DONNEUR DE SOINS | SIGNATURE DE LA VICTIME | OBSERVATIONS | DATE de l'ARRÊT de TRAVAIL (le cas échéant) |

| Numéro d'ORDRE | DATE ACCIDENT - ENREGISTREMENT | NOM et PRÉNOM de la VICTIME | Lieu de l'ACCIDENT (et circonstances détaillées) | NATURE et SIÈGES des LÉSIONS |
|---|---|---|---|---|
| | accident ......../......../........ enregistrement ......../......../........ | | | |
| | accident ......../......../........ enregistrement ......../......../........ | | | |
| | accident ......../......../........ enregistrement ......../......../........ | | | |
| | accident ......../......../........ enregistrement ......../......../........ | | | |
| | accident ......../......../........ enregistrement ......../......../........ | | | |
| | accident ......../......../........ enregistrement ......../......../........ | | | |
| | accident ......../......../........ enregistrement ......../......../........ | | | |
| | accident ......../......../........ enregistrement ......../......../........ | | | |
| | accident ......../......../........ enregistrement ......../......../........ | NOM et PRÉNOM de la VICTIME | Lieu de l'ACCIDENT (et circonstances détaillées) | NATURE et SIÈGES des LÉSIONS |

| NOMS des TÉMOINS | SIGNATURE du DONNEUR DE SOINS | SIGNATURE DE LA VICTIME | OBSERVATIONS | DATE de l'ARRÊT de TRAVAIL (le cas échéant) |
|---|---|---|---|---|
| | | | | du ……./……./……. au ……./……./……. |
| | | | | du ……./……./……. au ……./……./……. |
| | | | | du ……./……./……. au ……./……./……. |
| | | | | du ……./……./……. au ……./……./……. |
| | | | | du ……./……./……. au ……./……./……. |
| | | | | du ……./……./……. au ……./……./……. |
| | | | | du ……./……./……. au ……./……./……. |
| | | | | du ……./……./……. au ……./……./……. |
| | | | | du ……./……./……. au ……./……./……. |
| NOMS des TÉMOINS | SIGNATURE du DONNEUR DE SOINS | SIGNATURE DE LA VICTIME | OBSERVATIONS | DATE de l'ARRÊT de TRAVAIL (le cas échéant) |

| Numéro d'ORDRE | DATE ACCIDENT - ENREGISTREMENT | NOM et PRÉNOM de la VICTIME | Lieu de l'ACCIDENT (et circonstances détaillées) | NATURE et SIÈGES des LÉSIONS |
|---|---|---|---|---|
| | accident ……/……/…… enregistrement ……/……/…… | | | |
| | accident ……/……/…… enregistrement ……/……/…… | | | |
| | accident ……/……/…… enregistrement ……/……/…… | | | |
| | accident ……/……/…… enregistrement ……/……/…… | | | |
| | accident ……/……/…… enregistrement ……/……/…… | | | |
| | accident ……/……/…… enregistrement ……/……/…… | | | |
| | accident ……/……/…… enregistrement ……/……/…… | | | |
| | accident ……/……/…… enregistrement ……/……/…… | | | |
| | accident ……/……/…… enregistrement ……/……/…… | | | |
| Numéro d'ORDRE | DATE ACCIDENT - ENREGISTREMENT | NOM et PRÉNOM de la VICTIME | Lieu de l'ACCIDENT (et circonstances détaillées) | NATURE et SIÈGES des LÉSIONS |

| NOMS des TÉMOINS | SIGNATURE du DONNEUR DE SOINS | SIGNATURE DE LA VICTIME | OBSERVATIONS | DATE de l'ARRÊT de TRAVAIL (le cas échéant) |
|---|---|---|---|---|
| | | | | du ……./……./…….. au ……./……./…….. |
| | | | | du ……./……./…….. au ……./……./…….. |
| | | | | du ……./……./…….. au ……./……./…….. |
| | | | | du ……./……./…….. au ……./……./…….. |
| | | | | du ……./……./…….. au ……./……./…….. |
| | | | | du ……./……./…….. au ……./……./…….. |
| | | | | du ……./……./…….. au ……./……./…….. |
| | | | | du ……./……./…….. au ……./……./…….. |
| NOMS des TÉMOINS | SIGNATURE du DONNEUR DE SOINS | SIGNATURE DE LA VICTIME | OBSERVATIONS | DATE de l'ARRÊT de TRAVAIL (le cas échéant) |

| Numéro d'ORDRE | DATE ACCIDENT - ENREGISTREMENT | NOM et PRÉNOM de la VICTIME | Lieu de l'ACCIDENT (et circonstances détaillées) | NATURE et SIÈGES des LÉSIONS |
|---|---|---|---|---|
| | accident ……../……../…….. enregistrement ……../……../…….. | | | |
| | accident ……../……../…….. enregistrement ……../……../…….. | | | |
| | accident ……../……../…….. enregistrement ……../……../…….. | | | |
| | accident ……../……../…….. enregistrement ……../……../…….. | | | |
| | accident ……../……../…….. enregistrement ……../……../…….. | | | |
| | accident ……../……../…….. enregistrement ……../……../…….. | | | |
| | accident ……../……../…….. enregistrement ……../……../…….. | | | |
| | accident ……../……../…….. enregistrement ……../……../…….. | | | |
| | accident ……../……../…….. enregistrement ……../……../…….. | | | |

| NOMS des TÉMOINS | SIGNATURE du DONNEUR DE SOINS | SIGNATURE DE LA VICTIME | OBSERVATIONS | DATE de l'ARRÊT de TRAVAIL (le cas échéant) |
|---|---|---|---|---|
| | | | | du ......./......./....... au ......./......./....... |
| | | | | du ......./......./....... au ......./......./....... |
| | | | | du ......./......./....... au ......./......./....... |
| | | | | du ......./......./....... au ......./......./....... |
| | | | | du ......./......./....... au ......./......./....... |
| | | | | du ......./......./....... au ......./......./....... |
| | | | | du ......./......./....... au ......./......./....... |
| | | | | du ......./......./....... au ......./......./....... |
| | | | | du ......./......./....... au ......./......./....... |

| Numéro d'ORDRE | DATE ACCIDENT - ENREGISTREMENT | NOM et PRÉNOM de la VICTIME | Lieu de l'ACCIDENT (et circonstances détaillées) | NATURE et SIÈGES des LÉSIONS |
|---|---|---|---|---|
| | accident ......./......./....... enregistrement ......./......./....... | | | |
| | accident ......./......./....... enregistrement ......./......./....... | | | |
| | accident ......./......./....... enregistrement ......./......./....... | | | |
| | accident ......./......./....... enregistrement ......./......./....... | | | |
| | accident ......./......./....... enregistrement ......./......./....... | | | |
| | accident ......./......./....... enregistrement ......./......./....... | | | |
| | accident ......./......./....... enregistrement ......./......./....... | | | |
| | accident ......./......./....... enregistrement ......./......./....... | | | |
| | accident ......./......./....... enregistrement ......./......./....... | | | |

| NOMS des TÉMOINS | SIGNATURE du DONNEUR DE SOINS | SIGNATURE DE LA VICTIME | OBSERVATIONS | DATE de l'ARRÊT de TRAVAIL (le cas échéant) |
|---|---|---|---|---|
| | | | | du ......./......./........ au ......./......./........ |
| | | | | du ......./......./........ au ......./......./........ |
| | | | | du ......./......./........ au ......./......./........ |
| | | | | du ......./......./........ au ......./......./........ |
| | | | | du ......./......./........ au ......./......./........ |
| | | | | du ......./......./........ au ......./......./........ |
| | | | | du ......./......./........ au ......./......./........ |
| | | | | du ......./......./........ au ......./......./........ |
| | | | | du ......./......./........ au ......./......./........ |

| Numéro d'ORDRE | DATE ACCIDENT - ENREGISTREMENT | NOM et PRÉNOM de la VICTIME | Lieu de l'ACCIDENT (et circonstances détaillées) | NATURE et SIÈGES des LÉSIONS |
|---|---|---|---|---|
| | accident ......./......./....... enregistrement ......./......./....... | | | |
| | accident ......./......./....... enregistrement ......./......./....... | | | |
| | accident ......./......./....... enregistrement ......./......./....... | | | |
| | accident ......./......./....... enregistrement ......./......./....... | | | |
| | accident ......./......./....... enregistrement ......./......./....... | | | |
| | accident ......./......./....... enregistrement ......./......./....... | | | |
| | accident ......./......./....... enregistrement ......./......./....... | | | |
| | accident ......./......./....... enregistrement ......./......./....... | | | |
| | accident ......./......./....... enregistrement ......./......./....... | | | |
| | | NOM et PRÉNOM de la VICTIME | Lieu de l'ACCIDENT (et circonstances détaillées) | |

| NOMS des TÉMOINS | SIGNATURE du DONNEUR DE SOINS | SIGNATURE DE LA VICTIME | OBSERVATIONS | DATE de l'ARRÊT de TRAVAIL (le cas échéant) |
|---|---|---|---|---|
| | | | | du ……./……./…….. au ……./……./…….. |
| | | | | du ……./……./…….. au ……./……./…….. |
| | | | | du ……./……./…….. au ……./……./…….. |
| | | | | du ……./……./…….. au ……./……./…….. |
| | | | | du ……./……./…….. au ……./……./…….. |
| | | | | du ……./……./…….. au ……./……./…….. |
| | | | | du ……./……./…….. au ……./……./…….. |
| | | | | du ……./……./…….. au ……./……./…….. |
| | | | | du ……./……./…….. au ……./……./…….. |
| NOMS des TÉMOINS | SIGNATURE du DONNEUR DE SOINS | SIGNATURE DE LA VICTIME | OBSERVATIONS | DATE de l'ARRÊT de TRAVAIL (le cas échéant) |

| Numéro d'ORDRE | DATE ACCIDENT - ENREGISTREMENT | NOM et PRÉNOM de la VICTIME | Lieu de l'ACCIDENT (et circonstances détaillées) | NATURE et SIÈGES des LÉSIONS |
|---|---|---|---|---|
| | accident ……/……/…… enregistrement ……/……/…… | | | |
| | accident ……/……/…… enregistrement ……/……/…… | | | |
| | accident ……/……/…… enregistrement ……/……/…… | | | |
| | accident ……/……/…… enregistrement ……/……/…… | | | |
| | accident ……/……/…… enregistrement ……/……/…… | | | |
| | accident ……/……/…… enregistrement ……/……/…… | | | |
| | accident ……/……/…… enregistrement ……/……/…… | | | |
| | accident ……/……/…… enregistrement ……/……/…… | | | |
| | accident ……/……/…… enregistrement ……/……/…… | | | |

| NOMS des TÉMOINS | SIGNATURE du DONNEUR DE SOINS | SIGNATURE DE LA VICTIME | OBSERVATIONS | DATE de l'ARRÊT de TRAVAIL (le cas échéant) |
|---|---|---|---|---|
| | | | | du ……/……/…… au ……/……/…… |
| | | | | du ……/……/…… au ……/……/…… |
| | | | | du ……/……/…… au ……/……/…… |
| | | | | du ……/……/…… au ……/……/…… |
| | | | | du ……/……/…… au ……/……/…… |
| | | | | du ……/……/…… au ……/……/…… |
| | | | | du ……/……/…… au ……/……/…… |
| | | | | du ……/……/…… au ……/……/…… |
| | | | | du ……/……/…… au ……/……/…… |

| Numéro d'ORDRE | DATE ACCIDENT - ENREGISTREMENT | NOM et PRÉNOM de la VICTIME | Lieu de l'ACCIDENT (et circonstances détaillées) | NATURE et SIÈGES des LÉSIONS |
|---|---|---|---|---|
| | accident ……/……/…… enregistrement ……/……/…… | | | |
| | accident ……/……/…… enregistrement ……/……/…… | | | |
| | accident ……/……/…… enregistrement ……/……/…… | | | |
| | accident ……/……/…… enregistrement ……/……/…… | | | |
| | accident ……/……/…… enregistrement ……/……/…… | | | |
| | accident ……/……/…… enregistrement ……/……/…… | | | |
| | accident ……/……/…… enregistrement ……/……/…… | | | |
| | accident ……/……/…… enregistrement ……/……/…… | | | |
| | accident ……/……/…… enregistrement ……/……/…… | | | |

| NOMS des TÉMOINS | SIGNATURE du DONNEUR DE SOINS | SIGNATURE DE LA VICTIME | OBSERVATIONS | DATE de l'ARRÊT de TRAVAIL (le cas échéant) |
|---|---|---|---|---|
| | | | | du ......./......./....... au ......./......./....... |
| | | | | du ......./......./....... au ......./......./....... |
| | | | | du ......./......./....... au ......./......./....... |
| | | | | du ......./......./....... au ......./......./....... |
| | | | | du ......./......./....... au ......./......./....... |
| | | | | du ......./......./....... au ......./......./....... |
| | | | | du ......./......./....... au ......./......./....... |
| | | | | du ......./......./....... au ......./......./....... |
| | | | | du ......./......./....... au ......./......./....... |

| Numéro d'ORDRE | DATE ACCIDENT - ENREGISTREMENT | NOM et PRÉNOM de la VICTIME | Lieu de l'ACCIDENT (et circonstances détaillées) | NATURE et SIÈGES des LÉSIONS |
|---|---|---|---|---|
| | accident ......../......../........ enregistrement ......../......../........ | | | |
| | accident ......../......../........ enregistrement ......../......../........ | | | |
| | accident ......../......../........ enregistrement ......../......../........ | | | |
| | accident ......../......../........ enregistrement ......../......../........ | | | |
| | accident ......../......../........ enregistrement ......../......../........ | | | |
| | accident ......../......../........ enregistrement ......../......../........ | | | |
| | accident ......../......../........ enregistrement ......../......../........ | | | |
| | accident ......../......../........ enregistrement ......../......../........ | | | |
| | accident ......../......../........ enregistrement ......../......../........ | | | |

| NOMS des TÉMOINS | SIGNATURE du DONNEUR DE SOINS | SIGNATURE DE LA VICTIME | OBSERVATIONS | DATE de l'ARRÊT de TRAVAIL (le cas échéant) |
|---|---|---|---|---|
| | | | | du ......./......./....... au ......./......./....... |
| | | | | du ......./......./....... au ......./......./....... |
| | | | | du ......./......./....... au ......./......./....... |
| | | | | du ......./......./....... au ......./......./....... |
| | | | | du ......./......./....... au ......./......./....... |
| | | | | du ......./......./....... au ......./......./....... |
| | | | | du ......./......./....... au ......./......./....... |
| | | | | du ......./......./....... au ......./......./....... |
| | | | | du ......./......./....... au ......./......./....... |
| NOMS des TÉMOINS | SIGNATURE du DONNEUR DE SOINS | SIGNATURE DE LA VICTIME | OBSERVATIONS | DATE de l'ARRÊT de TRAVAIL (le cas échéant) |

| Numéro d'ORDRE | DATE ACCIDENT - ENREGISTREMENT | NOM et PRÉNOM de la VICTIME | Lieu de l'ACCIDENT (et circonstances détaillées) | NATURE et SIÈGES des LÉSIONS |
|---|---|---|---|---|
| | accident ……../……../…….. enregistrement ……../……../…….. | | | |
| | accident ……../……../…….. enregistrement ……../……../…….. | | | |
| | accident ……../……../…….. enregistrement ……../……../…….. | | | |
| | accident ……../……../…….. enregistrement ……../……../…….. | | | |
| | accident ……../……../…….. enregistrement ……../……../…….. | | | |
| | accident ……../……../…….. enregistrement ……../……../…….. | | | |
| | accident ……../……../…….. enregistrement ……../……../…….. | | | |
| | accident ……../……../…….. enregistrement ……../……../…….. | | | |
| | accident ……../……../…….. enregistrement ……../……../…….. | | | |

| NOMS des TÉMOINS | SIGNATURE du DONNEUR DE SOINS | SIGNATURE DE LA VICTIME | OBSERVATIONS | DATE de l'ARRÊT de TRAVAIL (le cas échéant) |
|---|---|---|---|---|
| | | | | du<br>......./......./........<br>au<br>......./......./........ |
| | | | | du<br>......./......./........<br>au<br>......./......./........ |
| | | | | du<br>......./......./........<br>au<br>......./......./........ |
| | | | | du<br>......./......./........<br>au<br>......./......./........ |
| | | | | du<br>......./......./........<br>au<br>......./......./........ |
| | | | | du<br>......./......./........<br>au<br>......./......./........ |
| | | | | du<br>......./......./........<br>au<br>......./......./........ |
| | | | | du<br>......./......./........<br>au<br>......./......./........ |
| | | | | du<br>......./......./........<br>au<br>......./......./........ |

| Numéro d'ORDRE | DATE ACCIDENT - ENREGISTREMENT | NOM et PRÉNOM de la VICTIME | Lieu de l'ACCIDENT (et circonstances détaillées) | NATURE et SIÈGES des LÉSIONS |
|---|---|---|---|---|
| | accident ……/……/…… enregistrement ……/……/…… | | | |
| | accident ……/……/…… enregistrement ……/……/…… | | | |
| | accident ……/……/…… enregistrement ……/……/…… | | | |
| | accident ……/……/…… enregistrement ……/……/…… | | | |
| | accident ……/……/…… enregistrement ……/……/…… | | | |
| | accident ……/……/…… enregistrement ……/……/…… | | | |
| | accident ……/……/…… enregistrement ……/……/…… | | | |
| | accident ……/……/…… enregistrement ……/……/…… | | | |
| | accident ……/……/…… enregistrement ……/……/…… | | | |

| NOMS des TÉMOINS | SIGNATURE du DONNEUR DE SOINS | SIGNATURE DE LA VICTIME | OBSERVATIONS | DATE de l'ARRÊT de TRAVAIL (le cas échéant) |
|---|---|---|---|---|
| | | | | du ......../......../........ au ......../......../........ |
| | | | | du ......../......../........ au ......../......../........ |
| | | | | du ......../......../........ au ......../......../........ |
| | | | | du ......../......../........ au ......../......../........ |
| | | | | du ......../......../........ au ......../......../........ |
| | | | | du ......../......../........ au ......../......../........ |
| | | | | du ......../......../........ au ......../......../........ |
| | | | | du ......../......../........ au ......../......../........ |
| | | | | du ......../......../........ au ......../......../........ |

| Numéro d'ORDRE | DATE ACCIDENT - ENREGISTREMENT | NOM et PRÉNOM de la VICTIME | Lieu de l'ACCIDENT (et circonstances détaillées) | NATURE et SIÈGES des LÉSIONS |
|---|---|---|---|---|
| | accident ......./......./....... enregistrement ......./......./....... | | | |
| | accident ......./......./....... enregistrement ......./......./....... | | | |
| | accident ......./......./....... enregistrement ......./......./....... | | | |
| | accident ......./......./....... enregistrement ......./......./....... | | | |
| | accident ......./......./....... enregistrement ......./......./....... | | | |
| | accident ......./......./....... enregistrement ......./......./....... | | | |
| | accident ......./......./....... enregistrement ......./......./....... | | | |
| | accident ......./......./....... enregistrement ......./......./....... | | | |
| | accident ......./......./....... enregistrement ......./......./....... | | | |

| NOMS des TÉMOINS | SIGNATURE du DONNEUR DE SOINS | SIGNATURE DE LA VICTIME | OBSERVATIONS | DATE de l'ARRÊT de TRAVAIL (le cas échéant) |
|---|---|---|---|---|
| | | | | du ......../......../........ au ......../......../........ |
| | | | | du ......../......../........ au ......../......../........ |
| | | | | du ......../......../........ au ......../......../........ |
| | | | | du ......../......../........ au ......../......../........ |
| | | | | du ......../......../........ au ......../......../........ |
| | | | | du ......../......../........ au ......../......../........ |
| | | | | du ......../......../........ au ......../......../........ |
| | | | | du ......../......../........ au ......../......../........ |
| | | | | du ......../......../........ au ......../......../........ |

| Numéro d'ORDRE | DATE ACCIDENT - ENREGISTREMENT | NOM et PRÉNOM de la VICTIME | Lieu de l'ACCIDENT (et circonstances détaillées) | NATURE et SIÈGES des LÉSIONS |
|---|---|---|---|---|
| | accident ……./……./……. enregistrement ……./……./……. | | | |
| | accident ……./……./……. enregistrement ……./……./……. | | | |
| | accident ……./……./……. enregistrement ……./……./……. | | | |
| | accident ……./……./……. enregistrement ……./……./……. | | | |
| | accident ……./……./……. enregistrement ……./……./……. | | | |
| | accident ……./……./……. enregistrement ……./……./……. | | | |
| | accident ……./……./……. enregistrement ……./……./……. | | | |
| | accident ……./……./……. enregistrement ……./……./……. | | | |
| | accident ……./……./……. enregistrement ……./……./……. | | | |
| Numéro d'ORDRE | DATE ACCIDENT - ENREGISTREMENT | NOM et PRÉNOM de la VICTIME | Lieu de l'ACCIDENT (et circonstances détaillées) | NATURE et SIÈGES des LÉSIONS |

| NOMS des TÉMOINS | SIGNATURE du DONNEUR DE SOINS | SIGNATURE DE LA VICTIME | OBSERVATIONS | DATE de l'ARRÊT de TRAVAIL (le cas échéant) |
|---|---|---|---|---|
| | | | | du ......../......../........ au ......../......../........ |
| | | | | du ......../......../........ au ......../......../........ |
| | | | | du ......../......../........ au ......../......../........ |
| | | | | du ......../......../........ au ......../......../........ |
| | | | | du ......../......../........ au ......../......../........ |
| | | | | du ......../......../........ au ......../......../........ |
| | | | | du ......../......../........ au ......../......../........ |
| | | | | du ......../......../........ au ......../......../........ |
| | | | | du ......../......../........ au ......../......../........ |
| NOMS des TÉMOINS | SIGNATURE du DONNEUR DE SOINS | SIGNATURE DE LA VICTIME | | |

| Numéro d'ORDRE | DATE ACCIDENT - ENREGISTREMENT | NOM et PRÉNOM de la VICTIME | Lieu de l'ACCIDENT (et circonstances détaillées) | NATURE et SIÈGES des LÉSIONS |
|---|---|---|---|---|
| | accident ……/……/…… enregistrement ……/……/…… | | | |
| | accident ……/……/…… enregistrement ……/……/…… | | | |
| | accident ……/……/…… enregistrement ……/……/…… | | | |
| | accident ……/……/…… enregistrement ……/……/…… | | | |
| | accident ……/……/…… enregistrement ……/……/…… | | | |
| | accident ……/……/…… enregistrement ……/……/…… | | | |
| | accident ……/……/…… enregistrement ……/……/…… | | | |
| | accident ……/……/…… enregistrement ……/……/…… | | | |
| | accident ……/……/…… enregistrement ……/……/…… | | | |

| NOMS des TÉMOINS | SIGNATURE du DONNEUR DE SOINS | SIGNATURE DE LA VICTIME | OBSERVATIONS | DATE de l'ARRÊT de TRAVAIL (le cas échéant) |
|---|---|---|---|---|
| | | | | du ……../……../…….. au ……../……../…….. |
| | | | | du ……../……../…….. au ……../……../…….. |
| | | | | du ……../……../…….. au ……../……../…….. |
| | | | | du ……../……../…….. au ……../……../…….. |
| | | | | du ……../……../…….. au ……../……../…….. |
| | | | | du ……../……../…….. au ……../……../…….. |
| | | | | du ……../……../…….. au ……../……../…….. |
| | | | | du ……../……../…….. au ……../……../…….. |
| | | | | du ……../……../…….. au ……../……../…….. |

| Numéro d'ORDRE | DATE ACCIDENT - ENREGISTREMENT | NOM et PRÉNOM de la VICTIME | Lieu de l'ACCIDENT (et circonstances détaillées) | NATURE et SIÈGES des LÉSIONS |
|---|---|---|---|---|
| | accident ……/……/…… enregistrement ……/……/…… | | | |
| | accident ……/……/…… enregistrement ……/……/…… | | | |
| | accident ……/……/…… enregistrement ……/……/…… | | | |
| | accident ……/……/…… enregistrement ……/……/…… | | | |
| | accident ……/……/…… enregistrement ……/……/…… | | | |
| | accident ……/……/…… enregistrement ……/……/…… | | | |
| | accident ……/……/…… enregistrement ……/……/…… | | | |
| | accident ……/……/…… enregistrement ……/……/…… | | | |
| | accident ……/……/…… enregistrement ……/……/…… | | | |

| NOMS des TÉMOINS | SIGNATURE du DONNEUR DE SOINS | SIGNATURE DE LA VICTIME | OBSERVATIONS | DATE de l'ARRÊT de TRAVAIL (le cas échéant) |
|---|---|---|---|---|
| | | | | du ……/……/…… au ……/……/…… |
| | | | | du ……/……/…… au ……/……/…… |
| | | | | du ……/……/…… au ……/……/…… |
| | | | | du ……/……/…… au ……/……/…… |
| | | | | du ……/……/…… au ……/……/…… |
| | | | | du ……/……/…… au ……/……/…… |
| | | | | du ……/……/…… au ……/……/…… |
| | | | | du ……/……/…… au ……/……/…… |
| | | | | du ……/……/…… au ……/……/…… |

| Numéro d'ORDRE | DATE ACCIDENT - ENREGISTREMENT | NOM et PRÉNOM de la VICTIME | Lieu de l'ACCIDENT (et circonstances détaillées) | NATURE et SIÈGES des LÉSIONS |
|---|---|---|---|---|
|  | accident ......../......../........ enregistrement ......../......../........ |  |  |  |
|  | accident ......../......../........ enregistrement ......../......../........ |  |  |  |
|  | accident ......../......../........ enregistrement ......../......../........ |  |  |  |
|  | accident ......../......../........ enregistrement ......../......../........ |  |  |  |
|  | accident ......../......../........ enregistrement ......../......../........ |  |  |  |
|  | accident ......../......../........ enregistrement ......../......../........ |  |  |  |
|  | accident ......../......../........ enregistrement ......../......../........ |  |  |  |
|  | accident ......../......../........ enregistrement ......../......../........ |  |  |  |
|  | accident ......../......../........ enregistrement ......../......../........ |  |  |  |

| NOMS des TÉMOINS | SIGNATURE du DONNEUR DE SOINS | SIGNATURE DE LA VICTIME | OBSERVATIONS | DATE de l'ARRÊT de TRAVAIL (le cas échéant) |
|---|---|---|---|---|
| | | | | du ......../........./........ au ......../........./........ |
| | | | | du ......../........./........ au ......../........./........ |
| | | | | du ......../........./........ au ......../........./........ |
| | | | | du ......../........./........ au ......../........./........ |
| | | | | du ......../........./........ au ......../........./........ |
| | | | | du ......../........./........ au ......../........./........ |
| | | | | du ......../........./........ au ......../........./........ |
| | | | | du ......../........./........ au ......../........./........ |
| | | | | du ......../........./........ au ......../........./........ |
| NOMS des TÉMOINS | SIGNATURE du DONNEUR DE SOINS | SIGNATURE DE LA VICTIME | | |

| Numéro d'ORDRE | DATE ACCIDENT - ENREGISTREMENT | NOM et PRÉNOM de la VICTIME | Lieu de l'ACCIDENT (et circonstances détaillées) | NATURE et SIÈGES des LÉSIONS |
|---|---|---|---|---|
| | accident ......./......./....... enregistrement ......./......./....... | | | |
| | accident ......./......./....... enregistrement ......./......./....... | | | |
| | accident ......./......./....... enregistrement ......./......./....... | | | |
| | accident ......./......./....... enregistrement ......./......./....... | | | |
| | accident ......./......./....... enregistrement ......./......./....... | | | |
| | accident ......./......./....... enregistrement ......./......./....... | | | |
| | accident ......./......./....... enregistrement ......./......./....... | | | |
| | accident ......./......./....... enregistrement ......./......./....... | | | |
| | accident ......./......./....... enregistrement ......./......./....... | | | |

| NOMS des TÉMOINS | SIGNATURE du DONNEUR DE SOINS | SIGNATURE DE LA VICTIME | OBSERVATIONS | DATE de l'ARRÊT de TRAVAIL (le cas échéant) |
|---|---|---|---|---|
| | | | | du ……./……./……. au ……./……./……. |
| | | | | du ……./……./……. au ……./……./……. |
| | | | | du ……./……./……. au ……./……./……. |
| | | | | du ……./……./……. au ……./……./……. |
| | | | | du ……./……./……. au ……./……./……. |
| | | | | du ……./……./……. au ……./……./……. |
| | | | | du ……./……./……. au ……./……./……. |
| | | | | du ……./……./……. au ……./……./……. |
| | | | | du ……./……./……. au ……./……./……. |

| Numéro d'ORDRE | DATE ACCIDENT - ENREGISTREMENT | NOM et PRÉNOM de la VICTIME | Lieu de l'ACCIDENT (et circonstances détaillées) | NATURE et SIÈGES des LÉSIONS |
|---|---|---|---|---|
| | accident ……/……/…… enregistrement ……/……/…… | | | |
| | accident ……/……/…… enregistrement ……/……/…… | | | |
| | accident ……/……/…… enregistrement ……/……/…… | | | |
| | accident ……/……/…… enregistrement ……/……/…… | | | |
| | accident ……/……/…… enregistrement ……/……/…… | | | |
| | accident ……/……/…… enregistrement ……/……/…… | | | |
| | accident ……/……/…… enregistrement ……/……/…… | | | |
| | accident ……/……/…… enregistrement ……/……/…… | | | |
| | accident ……/……/…… enregistrement ……/……/…… | | | |

| NOMS des TÉMOINS | SIGNATURE du DONNEUR DE SOINS | SIGNATURE DE LA VICTIME | OBSERVATIONS | DATE de l'ARRÊT de TRAVAIL (le cas échéant) |
|---|---|---|---|---|
| | | | | du ......./......./........ au ......./......./........ |
| | | | | du ......./......./........ au ......./......./........ |
| | | | | du ......./......./........ au ......./......./........ |
| | | | | du ......./......./........ au ......./......./........ |
| | | | | du ......./......./........ au ......./......./........ |
| | | | | du ......./......./........ au ......./......./........ |
| | | | | du ......./......./........ au ......./......./........ |
| | | | | du ......./......./........ au ......./......./........ |
| NOMS des TÉMOINS | SIGNATURE du DONNEUR DE SOINS | SIGNATURE DE LA VICTIME | OBSERVATIONS | du ......./......./........ au ......./......./........ |

| Numéro d'ORDRE | DATE ACCIDENT - ENREGISTREMENT | NOM et PRÉNOM de la VICTIME | Lieu de l'ACCIDENT (et circonstances détaillées) | NATURE et SIÈGES des LÉSIONS |
|---|---|---|---|---|
| | accident ......../........./........ enregistrement ......../........./........ | | | |
| | accident ......../........./........ enregistrement ......../........./........ | | | |
| | accident ......../........./........ enregistrement ......../........./........ | | | |
| | accident ......../........./........ enregistrement ......../........./........ | | | |
| | accident ......../........./........ enregistrement ......../........./........ | | | |
| | accident ......../........./........ enregistrement ......../........./........ | | | |
| | accident ......../........./........ enregistrement ......../........./........ | | | |
| | accident ......../........./........ enregistrement ......../........./........ | | | |
| | accident ......../........./........ enregistrement ......../........./........ | | | |

| NOMS des TÉMOINS | SIGNATURE du DONNEUR DE SOINS | SIGNATURE DE LA VICTIME | OBSERVATIONS | DATE de l'ARRÊT de TRAVAIL (le cas échéant) |
|---|---|---|---|---|
| | | | | du ......../........./........ au ......../........./........ |
| | | | | du ......../........./........ au ......../........./........ |
| | | | | du ......../........./........ au ......../........./........ |
| | | | | du ......../........./........ au ......../........./........ |
| | | | | du ......../........./........ au ......../........./........ |
| | | | | du ......../........./........ au ......../........./........ |
| | | | | du ......../........./........ au ......../........./........ |
| | | | | du ......../........./........ au ......../........./........ |
| NOMS des TÉMOINS | SIGNATURE du DONNEUR DE SOINS | SIGNATURE DE LA VICTIME | | du ......../........./........ au ......../........./........ |

| Numéro d'ORDRE | DATE ACCIDENT - ENREGISTREMENT | NOM et PRÉNOM de la VICTIME | Lieu de l'ACCIDENT (et circonstances détaillées) | NATURE et SIÈGES des LÉSIONS |
|---|---|---|---|---|
| | accident ……/……/…… enregistrement ……/……/…… | | | |
| | accident ……/……/…… enregistrement ……/……/…… | | | |
| | accident ……/……/…… enregistrement ……/……/…… | | | |
| | accident ……/……/…… enregistrement ……/……/…… | | | |
| | accident ……/……/…… enregistrement ……/……/…… | | | |
| | accident ……/……/…… enregistrement ……/……/…… | | | |
| | accident ……/……/…… enregistrement ……/……/…… | | | |
| | accident ……/……/…… enregistrement ……/……/…… | | | |
| | accident ……/……/…… enregistrement ……/……/…… | | | |

| NOMS des TÉMOINS | SIGNATURE du DONNEUR DE SOINS | SIGNATURE DE LA VICTIME | OBSERVATIONS | DATE de l'ARRÊT de TRAVAIL (le cas échéant) |
|---|---|---|---|---|
| | | | | du ……./……./…….. au ……./……./…….. |
| | | | | du ……./……./…….. au ……./……./…….. |
| | | | | du ……./……./…….. au ……./……./…….. |
| | | | | du ……./……./…….. au ……./……./…….. |
| | | | | du ……./……./…….. au ……./……./…….. |
| | | | | du ……./……./…….. au ……./……./…….. |
| | | | | du ……./……./…….. au ……./……./…….. |
| | | | | du ……./……./…….. au ……./……./…….. |
| | | | | du ……./……./…….. au ……./……./…….. |
| NOMS des TÉMOINS | SIGNATURE du DONNEUR DE SOINS | SIGNATURE DE LA VICTIME | | |

| Numéro d'ORDRE | DATE ACCIDENT - ENREGISTREMENT | NOM et PRÉNOM de la VICTIME | Lieu de l'ACCIDENT (et circonstances détaillées) | NATURE et SIÈGES des LÉSIONS |
|---|---|---|---|---|
| | accident ......./......./....... enregistrement ......./......./....... | | | |
| | accident ......./......./....... enregistrement ......./......./....... | | | |
| | accident ......./......./....... enregistrement ......./......./....... | | | |
| | accident ......./......./....... enregistrement ......./......./....... | | | |
| | accident ......./......./....... enregistrement ......./......./....... | | | |
| | accident ......./......./....... enregistrement ......./......./....... | | | |
| | accident ......./......./....... enregistrement ......./......./....... | | | |
| | accident ......./......./....... enregistrement ......./......./....... | | | |
| | accident ......./......./....... enregistrement ......./......./....... | | | |

| NOMS des TÉMOINS | SIGNATURE du DONNEUR DE SOINS | SIGNATURE DE LA VICTIME | OBSERVATIONS | DATE de l'ARRÊT de TRAVAIL (le cas échéant) |
|---|---|---|---|---|
| | | | | du ......../......../........ au ......../......../........ |
| | | | | du ......../......../........ au ......../......../........ |
| | | | | du ......../......../........ au ......../......../........ |
| | | | | du ......../......../........ au ......../......../........ |
| | | | | du ......../......../........ au ......../......../........ |
| | | | | du ......../......../........ au ......../......../........ |
| | | | | du ......../......../........ au ......../......../........ |
| | | | | du ......../......../........ au ......../......../........ |
| NOMS des TÉMOINS | SIGNATURE du DONNEUR DE SOINS | SIGNATURE DE LA VICTIME | OBSERVATIONS | du ......../......../........ au ......../......../........ |

| Numéro d'ORDRE | DATE ACCIDENT - ENREGISTREMENT | NOM et PRÉNOM de la VICTIME | Lieu de l'ACCIDENT (et circonstances détaillées) | NATURE et SIÈGES des LÉSIONS |
|---|---|---|---|---|
| | accident ……./……./……. enregistrement ……./……./……. | | | |
| | accident ……./……./……. enregistrement ……./……./……. | | | |
| | accident ……./……./……. enregistrement ……./……./……. | | | |
| | accident ……./……./……. enregistrement ……./……./……. | | | |
| | accident ……./……./……. enregistrement ……./……./……. | | | |
| | accident ……./……./……. enregistrement ……./……./……. | | | |
| | accident ……./……./……. enregistrement ……./……./……. | | | |
| | accident ……./……./……. enregistrement ……./……./……. | | | |
| | accident ……./……./……. enregistrement ……./……./……. | | | |

| NOMS des TÉMOINS | SIGNATURE du DONNEUR DE SOINS | SIGNATURE DE LA VICTIME | OBSERVATIONS | DATE de l'ARRÊT de TRAVAIL (le cas échéant) |
|---|---|---|---|---|
| | | | | du ......./......./....... au ......./......./....... |
| | | | | du ......./......./....... au ......./......./....... |
| | | | | du ......./......./....... au ......./......./....... |
| | | | | du ......./......./....... au ......./......./....... |
| | | | | du ......./......./....... au ......./......./....... |
| | | | | du ......./......./....... au ......./......./....... |
| | | | | du ......./......./....... au ......./......./....... |
| | | | | du ......./......./....... au ......./......./....... |
| | | | | du ......./......./....... au ......./......./....... |

| Numéro d'ORDRE | DATE ACCIDENT - ENREGISTREMENT | NOM et PRÉNOM de la VICTIME | Lieu de l'ACCIDENT (et circonstances détaillées) | NATURE et SIÈGES des LÉSIONS |
|---|---|---|---|---|
| | accident ......./......./....... enregistrement ......./......./....... | | | |
| | accident ......./......./....... enregistrement ......./......./....... | | | |
| | accident ......./......./....... enregistrement ......./......./....... | | | |
| | accident ......./......./....... enregistrement ......./......./....... | | | |
| | accident ......./......./....... enregistrement ......./......./....... | | | |
| | accident ......./......./....... enregistrement ......./......./....... | | | |
| | accident ......./......./....... enregistrement ......./......./....... | | | |
| | accident ......./......./....... enregistrement ......./......./....... | | | |
| | accident ......./......./....... enregistrement ......./......./....... | | | |

| NOMS des TÉMOINS | SIGNATURE du DONNEUR DE SOINS | SIGNATURE DE LA VICTIME | OBSERVATIONS | DATE de l'ARRÊT de TRAVAIL (le cas échéant) |
|---|---|---|---|---|
| | | | | du ......../........./........ au ......../........./........ |
| | | | | du ......../........./........ au ......../........./........ |
| | | | | du ......../........./........ au ......../........./........ |
| | | | | du ......../........./........ au ......../........./........ |
| | | | | du ......../........./........ au ......../........./........ |
| | | | | du ......../........./........ au ......../........./........ |
| | | | | du ......../........./........ au ......../........./........ |
| | | | | du ......../........./........ au ......../........./........ |
| | | | | du ......../........./........ au ......../........./........ |

| Numéro d'ORDRE | DATE ACCIDENT - ENREGISTREMENT | NOM et PRÉNOM de la VICTIME | Lieu de l'ACCIDENT (et circonstances détaillées) | NATURE et SIÈGES des LÉSIONS |
|---|---|---|---|---|
| | accident ……./……./…….<br>enregistrement ……./……./……. | | | |
| | accident ……./……./…….<br>enregistrement ……./……./……. | | | |
| | accident ……./……./…….<br>enregistrement ……./……./……. | | | |
| | accident ……./……./…….<br>enregistrement ……./……./……. | | | |
| | accident ……./……./…….<br>enregistrement ……./……./……. | | | |
| | accident ……./……./…….<br>enregistrement ……./……./……. | | | |
| | accident ……./……./…….<br>enregistrement ……./……./……. | | | |
| | accident ……./……./…….<br>enregistrement ……./……./……. | | | |
| | accident ……./……./…….<br>enregistrement ……./……./……. | | | |

| NOMS des TÉMOINS | SIGNATURE du DONNEUR DE SOINS | SIGNATURE DE LA VICTIME | OBSERVATIONS | DATE de l'ARRÊT de TRAVAIL (le cas échéant) |
|---|---|---|---|---|
| | | | | du ......../........./........ au ......../........./........ |
| | | | | du ......../........./........ au ......../........./........ |
| | | | | du ......../........./........ au ......../........./........ |
| | | | | du ......../........./........ au ......../........./........ |
| | | | | du ......../........./........ au ......../........./........ |
| | | | | du ......../........./........ au ......../........./........ |
| | | | | du ......../........./........ au ......../........./........ |
| | | | | du ......../........./........ au ......../........./........ |
| | | | | du ......../........./........ au ......../........./........ |
| NOMS des TÉMOINS | SIGNATURE du DONNEUR DE SOINS | SIGNATURE DE LA VICTIME | | |

| Numéro d'ORDRE | DATE ACCIDENT - ENREGISTREMENT | NOM et PRÉNOM de la VICTIME | Lieu de l'ACCIDENT (et circonstances détaillées) | NATURE et SIÈGES des LÉSIONS |
|---|---|---|---|---|
| | accident ……/……/…… enregistrement ……/……/…… | | | |
| | accident ……/……/…… enregistrement ……/……/…… | | | |
| | accident ……/……/…… enregistrement ……/……/…… | | | |
| | accident ……/……/…… enregistrement ……/……/…… | | | |
| | accident ……/……/…… enregistrement ……/……/…… | | | |
| | accident ……/……/…… enregistrement ……/……/…… | | | |
| | accident ……/……/…… enregistrement ……/……/…… | | | |
| | accident ……/……/…… enregistrement ……/……/…… | | | |
| | accident ……/……/…… enregistrement ……/……/…… | | | |

| NOMS des TÉMOINS | SIGNATURE du DONNEUR DE SOINS | SIGNATURE DE LA VICTIME | OBSERVATIONS | DATE de l'ARRÊT de TRAVAIL (le cas échéant) |
|---|---|---|---|---|
| | | | | du ……./……./…….. au ……./……./…….. |
| | | | | du ……./……./…….. au ……./……./…….. |
| | | | | du ……./……./…….. au ……./……./…….. |
| | | | | du ……./……./…….. au ……./……./…….. |
| | | | | du ……./……./…….. au ……./……./…….. |
| | | | | du ……./……./…….. au ……./……./…….. |
| | | | | du ……./……./…….. au ……./……./…….. |
| | | | | du ……./……./…….. au ……./……./…….. |
| NOMS des TÉMOINS | SIGNATURE du DONNEUR DE SOINS | SIGNATURE DE LA VICTIME | | du ……./……./…….. au ……./……./…….. |

| Numéro d'ORDRE | DATE ACCIDENT - ENREGISTREMENT | NOM et PRÉNOM de la VICTIME | Lieu de l'ACCIDENT (et circonstances détaillées) | NATURE et SIÈGES des LÉSIONS |
|---|---|---|---|---|
| | accident ……/……/…… enregistrement ……/……/…… | | | |
| | accident ……/……/…… enregistrement ……/……/…… | | | |
| | accident ……/……/…… enregistrement ……/……/…… | | | |
| | accident ……/……/…… enregistrement ……/……/…… | | | |
| | accident ……/……/…… enregistrement ……/……/…… | | | |
| | accident ……/……/…… enregistrement ……/……/…… | | | |
| | accident ……/……/…… enregistrement ……/……/…… | | | |
| | accident ……/……/…… enregistrement ……/……/…… | | | |
| | accident ……/……/…… enregistrement ……/……/…… | | | |

| NOMS des TÉMOINS | SIGNATURE du DONNEUR DE SOINS | SIGNATURE DE LA VICTIME | OBSERVATIONS | DATE de l'ARRÊT de TRAVAIL (le cas échéant) |
|---|---|---|---|---|
| | | | | du ......./......./........ au ......./......./........ |
| | | | | du ......./......./........ au ......./......./........ |
| | | | | du ......./......./........ au ......./......./........ |
| | | | | du ......./......./........ au ......./......./........ |
| | | | | du ......./......./........ au ......./......./........ |
| | | | | du ......./......./........ au ......./......./........ |
| | | | | du ......./......./........ au ......./......./........ |
| | | | | du ......./......./........ au ......./......./........ |
| | | | | du ......./......./........ au ......./......./........ |

| Numéro d'ORDRE | DATE ACCIDENT - ENREGISTREMENT | NOM et PRÉNOM de la VICTIME | Lieu de l'ACCIDENT (et circonstances détaillées) | NATURE et SIÈGES des LÉSIONS |
|---|---|---|---|---|
| | accident ......../......../........ enregistrement ......../......../........ | | | |
| | accident ......../......../........ enregistrement ......../......../........ | | | |
| | accident ......../......../........ enregistrement ......../......../........ | | | |
| | accident ......../......../........ enregistrement ......../......../........ | | | |
| | accident ......../......../........ enregistrement ......../......../........ | | | |
| | accident ......../......../........ enregistrement ......../......../........ | | | |
| | accident ......../......../........ enregistrement ......../......../........ | | | |
| | accident ......../......../........ enregistrement ......../......../........ | | | |
| | accident ......../......../........ enregistrement ......../......../........ | | | |

| NOMS des TÉMOINS | SIGNATURE du DONNEUR DE SOINS | SIGNATURE DE LA VICTIME | OBSERVATIONS | DATE de l'ARRÊT de TRAVAIL (le cas échéant) |
|---|---|---|---|---|
| | | | | du ......./......./........ au ......./......./........ |
| | | | | du ......./......./........ au ......./......./........ |
| | | | | du ......./......./........ au ......./......./........ |
| | | | | du ......./......./........ au ......./......./........ |
| | | | | du ......./......./........ au ......./......./........ |
| | | | | du ......./......./........ au ......./......./........ |
| | | | | du ......./......./........ au ......./......./........ |
| | | | | du ......./......./........ au ......./......./........ |
| | | | | du ......./......./........ au ......./......./........ |
| NOMS des TÉMOINS | SIGNATURE du DONNEUR DE SOINS | SIGNATURE DE LA VICTIME | OBSERVATIONS | DATE de l'ARRÊT de TRAVAIL (le cas échéant) |

| Numéro d'ORDRE | DATE ACCIDENT - ENREGISTREMENT | NOM et PRÉNOM de la VICTIME | Lieu de l'ACCIDENT (et circonstances détaillées) | NATURE et SIÈGES des LÉSIONS |
|---|---|---|---|---|
| | accident ......../......../........ enregistrement ......../......../........ | | | |
| | accident ......../......../........ enregistrement ......../......../........ | | | |
| | accident ......../......../........ enregistrement ......../......../........ | | | |
| | accident ......../......../........ enregistrement ......../......../........ | | | |
| | accident ......../......../........ enregistrement ......../......../........ | | | |
| | accident ......../......../........ enregistrement ......../......../........ | | | |
| | accident ......../......../........ enregistrement ......../......../........ | | | |
| | accident ......../......../........ enregistrement ......../......../........ | | | |
| | accident ......../......../........ enregistrement ......../......../........ | | | |
| Numéro d'ORDRE | DATE ACCIDENT - ENREGISTREMENT | NOM et PRÉNOM de la VICTIME | Lieu de l'ACCIDENT (et circonstances détaillées) | NATURE et SIÈGES des LÉSIONS |

| NOMS des TÉMOINS | SIGNATURE du DONNEUR DE SOINS | SIGNATURE DE LA VICTIME | OBSERVATIONS | DATE de l'ARRÊT de TRAVAIL (le cas échéant) |
|---|---|---|---|---|
| | | | | du ......../........./........ au ......../........./........ |
| | | | | du ......../........./........ au ......../........./........ |
| | | | | du ......../........./........ au ......../........./........ |
| | | | | du ......../........./........ au ......../........./........ |
| | | | | du ......../........./........ au ......../........./........ |
| | | | | du ......../........./........ au ......../........./........ |
| | | | | du ......../........./........ au ......../........./........ |
| | | | | du ......../........./........ au ......../........./........ |
| | | | | du ......../........./........ au ......../........./........ |
| NOMS des TÉMOINS | SIGNATURE du DONNEUR DE SOINS | SIGNATURE DE LA VICTIME | | |

| Numéro d'ORDRE | DATE ACCIDENT - ENREGISTREMENT | NOM et PRÉNOM de la VICTIME | Lieu de l'ACCIDENT (et circonstances détaillées) | NATURE et SIÈGES des LÉSIONS |
|---|---|---|---|---|
| | accident ……../……../…….. enregistrement ……../……../…….. | | | |
| | accident ……../……../…….. enregistrement ……../……../…….. | | | |
| | accident ……../……../…….. enregistrement ……../……../…….. | | | |
| | accident ……../……../…….. enregistrement ……../……../…….. | | | |
| | accident ……../……../…….. enregistrement ……../……../…….. | | | |
| | accident ……../……../…….. enregistrement ……../……../…….. | | | |
| | accident ……../……../…….. enregistrement ……../……../…….. | | | |
| | accident ……../……../…….. enregistrement ……../……../…….. | | | |
| | accident ……../……../…….. enregistrement ……../……../…….. | | | |

| NOMS des TÉMOINS | SIGNATURE du DONNEUR DE SOINS | SIGNATURE DE LA VICTIME | OBSERVATIONS | DATE de l'ARRÊT de TRAVAIL (le cas échéant) |
|---|---|---|---|---|
| | | | | du …..../…..../…..... au …..../…..../…..... |
| | | | | du …..../…..../…..... au …..../…..../…..... |
| | | | | du …..../…..../…..... au …..../…..../…..... |
| | | | | du …..../…..../…..... au …..../…..../…..... |
| | | | | du …..../…..../…..... au …..../…..../…..... |
| | | | | du …..../…..../…..... au …..../…..../…..... |
| | | | | du …..../…..../…..... au …..../…..../…..... |
| | | | | du …..../…..../…..... au …..../…..../…..... |
| | | | | du …..../…..../…..... au …..../…..../…..... |
| NOMS des TÉMOINS | SIGNATURE du DONNEUR DE SOINS | SIGNATURE DE LA VICTIME | | |

| Numéro d'ORDRE | DATE ACCIDENT - ENREGISTREMENT | NOM et PRÉNOM de la VICTIME | Lieu de l'ACCIDENT (et circonstances détaillées) | NATURE et SIÈGES des LÉSIONS |
|---|---|---|---|---|
| | accident ......./......./....... enregistrement ......./......./....... | | | |
| | accident ......./......./....... enregistrement ......./......./....... | | | |
| | accident ......./......./....... enregistrement ......./......./....... | | | |
| | accident ......./......./....... enregistrement ......./......./....... | | | |
| | accident ......./......./....... enregistrement ......./......./....... | | | |
| | accident ......./......./....... enregistrement ......./......./....... | | | |
| | accident ......./......./....... enregistrement ......./......./....... | | | |
| | accident ......./......./....... enregistrement ......./......./....... | | | |
| | accident ......./......./....... enregistrement ......./......./....... | | | |

| NOMS des TÉMOINS | SIGNATURE du DONNEUR DE SOINS | SIGNATURE DE LA VICTIME | OBSERVATIONS | DATE de l'ARRÊT de TRAVAIL (le cas échéant) |
|---|---|---|---|---|
| | | | | du ……/……/…… au ……/……/…… |
| | | | | du ……/……/…… au ……/……/…… |
| | | | | du ……/……/…… au ……/……/…… |
| | | | | du ……/……/…… au ……/……/…… |
| | | | | du ……/……/…… au ……/……/…… |
| | | | | du ……/……/…… au ……/……/…… |
| | | | | du ……/……/…… au ……/……/…… |
| | | | | du ……/……/…… au ……/……/…… |
| | | | | du ……/……/…… au ……/……/…… |
| NOMS des TÉMOINS | SIGNATURE du DONNEUR DE SOINS | SIGNATURE DE LA VICTIME | OBSERVATIONS | |

www.ingramcontent.com/pod-product-compliance
Lightning Source LLC
Chambersburg PA
CBHW080607220526
45466CB00010B/3278